NOTICE BIOGRAPHIQUE

SUR

LE DOCTEUR LE CANU

(LOUIS-RÉNÉ)

NOTICE BIOGRAPHIQUE

SUR

LE DOCTEUR LE CANU

(LOUIS-RÉNÉ)

PROFESSEUR TITULAIRE DE PREMIÈRE CLASSE A L'ÉCOLE DE PHARMACIE DE PARIS,
MEMBRE DU CONSEIL D'HYGIÈNE ET DE SALUBRITÉ DE LA SEINE,
MEMBRE DE L'ACADÉMIE NATIONALE DE MÉDECINE,
OFFICIER DE L'ORDRE DE LA LÉGION D'HONNEUR ET DE L'INSTRUCTION PUBLIQUE,
CHEVALIER DE L'ORDRE ROYAL DE CHARLES III D'ESPAGNE
ET DE VILLA VICIOSA DE PORTUGAL,
COMMANDEUR DE L'ORDRE DE SANTA ROSA DE HONDURAS, ETC , ETC.

PAR

ALPH. MARCEL

ANCIEN JUGE AU TRIBUNAL DE COMMERCE DE COMPIÈGNE,
PHARMACIEN DE PREMIÈRE CLASSE, A PARIS.

PARIS

IMPRIMERIE CUSSET ET Cⁱᵉ

26, RUE RACINE, PRÈS L'ODÉON

1872

A MONSIEUR ET MADAME

ALLAIN LE CANU

Deux professeurs distingués ont prononcé, sur la tombe de votre excellent père, des paroles vivement senties, qui ont profondément ému ceux qui l'accompagnaient à sa dernière demeure.

M. Béclard lui a fait ses derniers adieux au nom de l'Académie de médecine, et M. Chatin, au nom de l'École de pharmacie.

Si ma santé me l'avait permis, je me serais fait

l'interprète des milliers d'élèves qui, depuis près de quarante années, sont venus, de tous les coins de la France, puiser dans ses cours une instruction aussi solide que variée, et en exprimant ma douleur j'aurais exprimé leur douleur; car nous l'avons tous aimé et vénéré.

Puisque cette consolation ne m'a pas été donnée, j'ai voulu payer aussi un dernier hommage à la mémoire de cet homme de bien, dont la belle et trop courte existence a été consacrée tout entière à la science qui l'a toujours captivé, à l'amitié dont il a connu toutes les jouissances, et à sa famille qu'il a chérie par-dessus tout.

M. Le Canu s'était réservé pour ses vieux jours le bonheur d'écrire la vie de son père et celle de son beau-père, M. Labarraque; mais la mort est venue le surprendre et ne lui a pas permis d'accomplir ce pieux devoir. Pour le suivre dans sa pensée, je l'ai fait moi-même en le plaçant dans cette Notice biographique à côté des deux hommes qui lui ont légué leurs vertus et leurs talents.

Permettez-moi, mes bons amis, de vous la dédier ; elle vous dira toute ma gratitude pour l'affection si vraie qu'il m'a toujours témoignée ; et en rappelant à ses chers petits-enfants tant de beaux exemples à suivre, elle leur dira aussi que celui qu'ils ont eu le bonheur d'avoir pour grand-père n'a laissé après lui que des regrets et des larmes.

NOTICE BIOGRAPHIQUE

SUR

LE DOCTEUR LE CANU

(Louis-Réné)

M. Le Canu est issu d'une famille de magistrats qui paraît être originaire des environs de Rennes.

Son grand-père Jacques Le Canu, avocat au baillage de Périers, gros bourg de l'ancienne province de Normandie, dépendant aujourd'hui du département de la Manche, et sa grand'mère demoiselle Magdeleine-Louise Lemoigné, appartenaient à la haute bourgeoisie. Ils s'honoraient de compter, au nombre de leurs parents, les Le Menuet de la Jugannière qui occupaient à cette époque, et occupent encore aujourd'hui, par leurs descendants, de hautes fonctions dans la magistrature. L'un d'eux est même cité par la famille, avec un légitime orgueil, comme

1

ayant joué, sous la République et le premire Empire, un rôle extrêmement important.

Il avait su se concilier l'estime générale; il occupa le siége de premier président à la Cour de Caen jusqu'à l'âge de quatre-vingt-dix ans, et sa réputation demeura si intacte, son influence était si considérable, que sa présence seule a suffi, plus d'une fois, pour calmer les esprits et même étouffer une émeute.

L'hiver de 1812, avait été mauvais, dit M. Massot, avocat général à la Cour de Caen, dans son éloge lu en la séance publique, on souffrait des préparatifs de cette campagne gigantesque, dans laquelle l'empire allait s'effondrer; on murmurait de la cherté des grains. Des murmures on passa aux voies de fait, et le marché de Caen devint le théâtre de graves désordres.

Le préfet et le maire accoururent; mais leur autorité fut méconnue, ils furent insultés, frappés et obligés de céder devant la révolte.

Le préfet se réfugia dans l'hôtel du premier président. A peine quelques minutes s'étaient écoulées que M. Le Menuet, calme et digne, comme il l'était toujours, sortit de son hôtel ayant à ses côtés M. le préfet.

La foule ameutée qui, l'instant d'avant, vociférait, poussait des cris de mort, se tut à l'aspect de ce noble visage et s'ouvrit pour livrer passage au courageux magistrat.

Le père de M. Le Canu, Louis-Toussaint Le Canu, ne voulut point entrer dans la magistrature, comme l'avait fait son frère aîné, qui mourut jeune encore, attaché en qualité de juge au tribunal civil de Coutances. Ses goûts le portaient vers une autre carrière et, bien résolu de se livrer tout entier à l'étude des sciences naturelles, il entra, malgré les observations de sa famille, chez un pharmacien de Périers, et il travailla avec ardeur dans l'un de ces laboratoires qui, bien que modestes, n'en furent pas moins le berceau de la chimie et de tant de belles découvertes.

Son maître, tout instruit qu'il était, ne pouvait que lui donner la science qu'il possédait. Il le prit en affection, s'en occupa beaucoup et, au bout de quelques années, il l'envoya à Paris pour se perfectionner dans la pratique de son art.

Le jeune élève entra rue Saint-Jacques chez M. Cossette, qui eut plus tard pour successeur le si habile et si intelligent Barruel, qui contribua beaucoup à la réputation d'Orfila, dont il était préparateur à l'École de médecine.

Il quitta M. Cossette pour suivre ses cours. A la fin de chaque année, Berthollet, Sage, Fourcroy, etc., attestaient qu'ils n'avaient pas eu d'élève ni plus assidu, ni plus studieux, et quand il se disposa à subir ses examens pour obtenir le diplôme de maître en pharmacie, Darcet père lui délivra un certificat constatant qu'il les avait préparés, par de fortes et consciencieuses études.

Parmentier, qui lui témoignait une affection toute particulière, le fit nommer pharmacien-major des gardes suisses, et, appelé à des fonctions plus importantes, il n'en conserva pas moins son grade jusqu'à la fatale journée du 10 août 1792.

Pour consacrer son admiration et sa reconnaissance éternelles à l'ancien régiment des gardes suisses au service de la France, la Diète fédérale décréta, le 7 août 1817, qu'une croix de fer coulé serait décernée, comme distinction patriotique, à tous les officiers, sous-officiers et soldats survivants qui s'étaient trouvés le 10 août 1792 aux combats devant les Tuileries.

Le chancelier de la Confédération, M. Mousson, la remit à **M. Le Canu,** avec cette mention : que le brave et fidèle pharmacien-major avait droit à cette médaille d'honneur.

Dès l'année 1785, il avait obtenu le titre de pharmacien en chef de la Pitié, où il se distingua tellement que, trois années plus tard, il passait en la même qualité à la direction de l'hôpital général de Paris qui comprenait alors les services de Bicêtre, de la Salpêtrière et celui de la Pitié. Bien qu'à peine âgé de vingt-sept ans, il ne s'effraya pas des lourdes responsabilités qui allaient peser sur lui. Il trouva la Salpêtrière et Bicêtre dans un état déplorable, il se vit en présence de difficultés sans nombre, mais loin de se décourager il les aborda de front, et tout se fit bientôt si régulièrement, sous sa ferme et bienveillante administration, qu'elle lui valut bien souvent les félicitations de ses supérieurs.

A la Salpêtrière il eut à traverser les jours néfastes de la terreur, pendant lesquels le citoyen le plus honnête se trouvait toujours sous le coup d'une arrestation.

Un de ses amis vint le prévenir un matin qu'il avait été dénoncé et il l'engageait à fuir : « Pourquoi fuir? lui répondit-il, mon devoir est de rester « à mon poste, j'y resterai. » Traduit, en effet, devant le tribunal révolutionnaire, il s'y présenta sans crainte, et répondit fièrement à ses juges : « Je « suis désolé, citoyens, d'avoir laissé en souffrance « mon service de la Salpêtrière pour comparaître « devant vous; je connais mon dénonciateur que « j'ai fait chasser de l'hôpital, il y a peu de jours, « parce qu'il volait l'administration; c'est donc lui « qui devrait être ici et non pas moi. » Le tribunal, frappé de sa mâle énergie et de la véracité de ses paroles, le renvoya absous et il continua son service.

En dehors de travaux qui l'absorbaient déjà, il était chargé de la fabrication du salpêtre, et c'est à ce sujet que Pache, maire de Paris, lui adressait cette lettre si laconique :

« Dis-moi, je te prie, citoyen, où en est la fabri« cation du salpêtre dans ton hôpital. »

C'est précisément cette fabrication du salpêtre qui le fit renoncer aux hôpitaux. Il avait été pris, en effet, de douleurs rhumatismales très-aiguës qui, renouvelées à de courts intervalles, avaient fait déclarer aux médecins qu'il compromettrait gravement sa santé s'il persistait à rester à la Salpêtrière. Il donna donc sa démission et vint fonder, dans le quartier des Halles, une pharmacie qui réussit bien vite comme tout ce qu'il entreprenait. Il était serviable, instruit, obligeant ; mais ce qui fut toujours son plus bel élément de succès, c'est qu'il n'oublia jamais dans l'exercice de sa profession que la science doit toujours marcher à côté de l'humanité.

Il entra bientôt dans l'une des familles les plus honorables de Paris, en épousant Mademoiselle Marie-Thérèse Delondre, femme pieuse, dévouée, qui le seconda merveilleusement et se fit chérir de cette rude et laborieuse population. Elle visitait souvent les pauvres, leur portait les vêtements, les médicaments, et plus d'une fois l'argent dont ils avaient besoin ; et tout cela sans bruit et si discrètement, qu'on eût dit que la Charité elle-même venait les secourir en personne.

Aussi, quand au bout de douze années de mariage seulement, une mort prématurée vint l'enlever à leur affection, toutes ces femmes de cœur, dont la plupart ne vivaient qu'au jour le jour du produit de leur vente, quittèrent spontanément les halles et suivirent, en sanglotant, jusqu'à sa dernière demeure celle qu'ils appelaient leur providence.

De cette union si pleine d'harmonie, mais trop tôt brisée, naquit à Paris Le Canu (Louis-Réné), le 18 novembre 1800, avec ce siècle témoin jusqu'ici de si grands triomphes et de si grandes douleurs pour notre bien-aimée France !

Il fut l'objet de toute la sollicitude de sa sainte mère, comme il aimait à l'appeler ; elle l'entoura des soins les plus affectueux et, dès ses plus tendres années, l'enfant donna des signes réels d'une précoce intelligence. Son front déjà bien développé, ses yeux doux, vifs et pleins d'expression, sa bouche mutine et ses cheveux longs et bouclés prêtaient à cette charmante physionomie tout l'attrait qu'elle a conservé depuis. Sa bonne mère forma son cœur et elle le forma bien ; son père cultiva son esprit et il le fit avec succès ; il ne le surchargeait pas et ne lui donnait qu'une alimentation substantielle et légère, car il savait qu'un jeune arbuste ne doit rapporter de fruits que lorsque ses racines ont assez de force pour puiser dans une terre vigoureuse la séve qui devra les nourrir.

Parmentier fréquentait cet intérieur si honnête et il avait pris l'enfant en affection; ses réparties fines, ses lutineries l'amusaient; mais ses observations souvent judicieuses l'intéressaient davantage, et son amour pour le travail le lui faisait déjà considérer comme un petit homme sérieux.

« Vous connaissez, mon cher petit ami (lui écri-
« vait-il le 28 décembre 1810, en lui envoyant pour
« étrennes *le Voyage du jeune Anacharsis*), tous les
« sentiments qui m'attachent à vos bons parents,
« vous les partagez et j'aime à croire que vous mar-
« cherez sur leurs traces et serez héritier de leurs
« vertus. Continuez d'appliquer tous les moments
« de vos premières années à l'étude, et songez que
« le plus grand bienfait que l'homme puisse procu-
« rer à l'homme, c'est l'instruction. »

Ne dirait-on pas que cette belle lettre est écrite

d'aujourd'hui? et pourquoi faut-il qu'il y ait à présent si peu d'hommes comme Parmentier?

Après la mort de sa mère, le jeune Le Canu fut envoyé à la pension Massin pour continuer ses études au collége Charlemagne. Il s'y fit remarquer par ses succès, qui sont toujours, quoiqu'on en puisse dire, un heureux présage. Il devint un excellent élève; sa nature expansive, son caractère franc, loyal et toujours à découvert, lui avaient concilié l'affection de ses condisciples. C'est là qu'il se lia avec M. Baroche, l'ancien président du Sénat, et jamais les différences de position n'ont altéré cette bonne amitié. M. de Boismilon, son professeur de rhétorique, qui devint depuis le précepteur du duc d'Orléans et plus tard celui du comte de Paris, a conservé également pour son élève une affection qui ne s'est pas démentie non plus. Il remporta plusieurs prix au concours général; en rhétorique, Littré, de l'Institut, était couronné pour le premier prix d'histoire, et l'élève Le Canu en obtenait le second.

Après avoir quitté le collége et passé ses examens pour le baccalauréat ès lettres, il voulut suivre la même carrière que son père et il entra dans les laboratoires de Laugier et de Vauquelin, professeurs de chimie au Muséum d'histoire naturelle. Il se livra avec ardeur à cette science presque nouvelle; il s'y intéressa vivement, et bientôt ses cornues, ses fourneaux, ses tubes et ses réactifs étaient devenus pour lui, de véritables amis. Après ses deux années de cours, ses professeurs le virent partir avec regret, mais en attestant que leur jeune préparateur les avait secondés avec beaucop de zèle, de dextérité et de distinction.

A cette époque le baron Thénard professait au collége de France; ses cours avaient une réputation européenne et l'amphithéâtre suffisait à peine pour contenir son nombreux auditoire. Un préparateur était pour lui plus qu'un aide de camp pour un général; la place se trouvait vacante, il la fit offrir au jeune Le Canu qui, à cette nouvelle, fut saisi d'un véritable frisson; il voulait refuser, mais Vauquelin lui fit comprendre que son avenir était là, et il accepta.

Il nous dit lui-même, dans les *Souvenirs* qu'il a laissés sur Thénard, pourquoi il avait hésité : il savait toute l'importance que le professeur attachait

au succès des expériences de ses leçons, et il craignait de ne pas justifier les espérances qu'il conce-
vait de lui.

Ses notes, en effet, étaient remises au préparateur plusieurs jours à l'avance, et rien ne lui était
plus pénible, plus désagréable que de voir se produire un résultat différent de celui qu'il avait annoncé. Son mécontentement se trahissait par un
mouvement d'épaules, un froncement de sourcils,
signes précurseur d'un orage qu'une faute nouvelle ne manquait jamais de faire éclater.

Un jour le célèbre Humbolt assistait à son cours ;
il connaissait la fougue de son caractère et il lui avait
fait promettre de rester calme et patient. Mais à la
vue d'un appareil, monté de telle sorte, qu'il ne
pouvait fonctionner, Thénard le lui montrant du
doigt avec désespoir, le supplia de lui rendre sa
parole. Le noble étranger ne put que s'incliner, et
l'infortuné préparateur essuya une horrible bour-
rasque sans mot dire. Thénard, qui avait un excellent cœur, se calma cependant, mais il ne put s'empêcher d'ajouter :

« Mon pauvre garçon, vous ne ferez jamais rien. »

Ce à quoi le spirituel Plagne répondit le plus tranquillement du monde : « Votre horoscope ne m'inquiète guère, Foucroy vous avait bien tiré le pareil, et Foucroy s'est joliment trompé. »

M. Le Canu eut son tour, et combien de tempêtes n'a-t-il pas vu s'amonceler au-dessus de lui! Aussi, vingt fois il déposa les insignes de son grade, c'est-à-dire son tablier, vingt fois il jura de ne plus le reprendre et cependant il l'avait toujours repris le lendemain! C'est que ces deux natures bouillantes avaient fini par se comprendre; c'est que tous les deux étaient bons; c'est enfin que Thénard aimait et appréciait son élève et que l'élève adorait son maître.

Après trois années passées auprès de lui, M. Le Canu le quitta, mais riche de deux trésors inappréciables : l'affection de son maître, et l'amour plus prononcé du travail,

Il suivit ses cours à l'école de Pharmacie; il y continua ses études favorites sur la chimie, y remporta plusieurs prix et obtint son diplôme de pharmacien de 1re classe après avoir passé de brillants examens.

Thénard le suivait avec intérêt, et semblait fier de son nouveau succès. « Je t'aime bien, lui disait-il « souvent, mais, tu le sais, je t'aurais renié, si tu « avais dévié du droit chemin. » Il l'entourait d'une affection qui grandissait tous les jours ; il aimait surtout la droiture et l'indépendance de son caractère. « Continue toujours ainsi, lui disait-il encore, et tu « seras un homme. » M. Le Canu continua, il devint un homme en effet, et il le prouva à son maître, en lui refusant sa voix pour appuyer à l'académie de médecine une candidature qu'il jugeait prématurée.

« Je réclame de vous, lui répondit Thénard, à ce « sujet, que vous ne suiviez jamais que l'impulsion « de votre conscience ; si vous teniez une toute « autre conduite, je vous aimerais beaucoup moins.

« Votre voix ne vous appartient pas, elle appar- « tient au plus méritant, votez donc hautement en « faveur du docteur X... »

Digne et sublime réponse qui rayonne à la fois sur le maître et sur l'élève !

M. Le Canu avait également pour son illustre maître une affection profonde ; car il savait combien il l'avait aidé pour franchir les obstacles sur sa route.

Aussi quand il apprit sa mort, le 21 juin 1857, il en fut profondément affligé, et afin de perpétuer la mémoire de celui qu'il venait de perdre, il écrivit de suite à M. le Président de l'Académie des sciences :

« Monsieur le Président,

« Le soin d'honorer la mémoire de celui qu'il
« vient de perdre, appartient au pays ; mais que l'Aca-
« démie des sciences permette aujourd'hui à l'un de
« ses anciens préparateurs, à qui Thénard voulait
« bien écrire « Venez vous mêler à ma famille, je
« vous aime comme si vous étiez mon fils, » de sous-
« crire entre vos mains pour la somme de 500 francs
« au monument que les amis des sciences ne peu-
« vent manquer d'élever au savant, dont la noble
« carrière toute remplie de nobles pensées, d'utiles
« et beaux travaux, de bonnes actions, a été digne-
« ment couronnée par la fondation de la Société de
« secours des amis des sciences. »

M. Le Canu eut le bonheur et la douleur d'être délégué, par la Société des sciences, pour assister, le 20 juillet 1861, à l'inauguration de la statue de

Thénard qui fut érigée sur l'une des places publiques de Sens, et dans un discours où toute son âme s'épancha, il fit monter toute sa reconnaissance vers l'image de son maître et lui fit une dernière fois ses adieux.

Pendant qu'il travaillait au collége de France et pendant qu'il suivait ses cours, M. Le Canu avait fait d'intéressantes recherches qui avaient éveillé l'attention de ses professeurs ; après sa réception de pharmacien il publia quelques travaux qui le firent connaître du monde savant et qui lui valurent plusieurs distinctions honorifiques dont nous parlerons plus loin. Il continua de travailler avec fruit et, en 1833, sur la présentation de l'Institut et de l'École, une ordonnance royale le nomma professeur titulaire de chimie et de pharmacie.

Ses collègues, qui savaient combien il était digne d'être au milieu d'eux, l'accueillirent avec un bienveillant empressement, il reçut des lettres de félicitations de tous les côtés, mais sa nature si vive et si impressionnable le préoccupait beaucoup pour l'ouverture de son premier cours.

Il le fit cependant avec succès ; son discours

fut simple, plein d'une exquise délicatesse et lui gagna de suite la sympathie de ses élèves.

« Je sens, leur disait-il, combien il me sera « difficile de remplacer dans vos jeunes cœurs, le « maître excellent que nous avons perdu ; je sens « qu'il me faudra combattre les souvenirs d'une « rare et longue expérience, d'une érudition pro-« fonde et variée, et qu'un semblable parallèle ne « peut tourner qu'à mon désavantage.

« Mais, j'ai pensé, je vous l'avoue, que vous ne me « refuseriez pas une indulgence, dont vous aurez, « un jour, peut-être aussi besoin à votre tour, et « cette idée m'enhardit à me présenter devant « vous.

« Puissent, du moins, mes efforts vous prouver « que j'ai à cœur de mériter votre estime et votre « affection ! »

Des bravos chaleureux accueillirent ces dernières paroles ; sa belle tête s'inclina sous de nouvelles acclamations ; son cœur un instant ému se ranima ; la joie brilla dans son regard et la leçon commencée avec une timidité craintive se termina avec bonheur et confiance.

2

Plus tard, quand nous avons nous-même suivi ses cours, nous avons subi les mêmes impressions, et nous l'avons aimé.

Il nous semble toujours le voir et l'entendre : sa physionomie si sympathique lui conciliait d'abord toute notre attention ; sa parole élégante et facile la captivait ensuite, et ses leçons, toujours méthodiquement exposées, se gravaient, pour ainsi dire d'elles-mêmes, dans nos jeunes esprits.

Nous battions des mains dès qu'il paraissait au milieu de nous et nos bravos le remerciaient dès qu'il avait cessé de parler.

Pendant près de quarante années, M. Le Canu a joui de ce bonheur ; un nuage cependant est venu le ternir un instant.

En 1869, une erreur, un oubli, que son cœur, justement froissé, qualifia d'un tout autre nom, vint sans raison aucune le frapper, tout à coup, dans ses intérêts et surtout dans sa dignité de professeur. Bon à l'excès, serviable à l'excès, mais ayant les défauts de ses qualités, susceptible à l'excès en présence d'un manque d'égards, d'une inconvenance, il bondit en présence d'une injustice qu'il ne méritait

pas. Il accourut aussitôt du fond des Pyrénées, pro-
testa ouvertement et énergiquement, réclama ses
droits que justifiaient son honorabilité, ses travaux,
son long et continuel professorat, et il faut bien croire
que ses droits étaient incontestables, puisque le ministre revint sur une première décision et que justice
lui fut rendue.

A la rentrée de l'École, son premier cours fut pour
lui un véritable triomphe. Ses élèves, instruits pour
la plupart de ce qui s'était passé et qui avaient craint
un instant qu'il ne donnât sa démission, l'applau-
dirent avec frénésie et lui offrirent un magnifique
bouquet.

L'émotion souleva son cœur, il les remercia de
leur sympathie, leur parla de sa gratitude et,
pour leur témoigner à son tour combien cette
ovation toute spontanée le rendait heureux, il fit
dresser une liste de tous les élèves présents et
les pria d'accepter sa photographie, qu'il leur en-
verrait, en souvenir de leur vieux maître, qui con-
sidérerait ce jour comme l'un des plus beaux de
sa vie.

Il aimait les jeunes gens, et surtout les jeunes gens

studieux. Ils trouvaient toujours auprès de lui un accès facile, un encouragement; il était leur père et leur ami. Il jouissait le premier de leurs triomphes, il aplanissait la route souvent si difficile de ceux qui se livraient aux sciences, et il savait diriger, avec son tact habituel, ceux qui le consultaient sur le choix d'un établissement.

Aux examens, cette autre moitié pénible de la vie du professeur, nous dit M. Chatin, dans la touchante allocution qu'il a prononcée sur sa tombe, il souffrait plus que le candidat quand il ne pouvait lui accorder son suffrage, et on l'a souvent vu, prenant un parti entre son devoir et son cœur, déposer une boule noire dans l'urne, et l'accompagner d'un violent effort sur lui-même, quelquefois d'une larme furtive. Éloge simple et beau qui honore celui qui l'adresse et celui qui le reçoit! Nous n'en sommes pas surpris, nous avons eu l'honneur de connaître M. Chatin, de l'apprécier et de voir, par nous-même, que lui aussi s'était concilié l'affection de ses élèves.

Il y a déjà longtemps, en effet, M. Chatin nous avait chargé de préparer Compiègne et Pierrefonds à recevoir l'École de pharmacie pour une herborisation dans la forêt. Les élèves arrivèrent en bandes joyeuses, la ville et le charmant village furent en émoi, le service des voitures laissa bien à désirer; mais le fougueux essaim, au lieu d'ailes avait des jambes et la forêt fut arpentée bien vite. Après un déjeuner que présidait M. Chatin, on visita les ruines de Pierrefonds, et c'est là, il m'en souvient bien, que l'un des élèves vint présenter à son professeur une rose que lui-même n'avait jamais rencontrée. Il l'examina, nous en dit l'espèce, et sa physionomie rayonna de bonheur quand tous, d'un commun accord, lui donnèrent le nom de : Rose Chatin, Rosa Castina.

Autant la nature honnête de M. Le Canu se montrait accessible à tout ce qui respirait le bien, autant elle devenait sévère en présence d'une indélicatesse, et rigoureuse en présence de l'oubli de ses devoirs.

En 185... M. le Ministre de l'instruction publique le désigna pour présider les examens de pharmacien de deuxième classe, devant un jury médical. Ces examens allaient se terminer, quand il sut que l'un des candidats venait d'être tout récemment flétri par la justice, et qu'il s'était mis en règle pour son stage et ses inscriptions, en trompant la religion du Ministre et celle du Recteur de l'Académie.

Il prend de suite une résolution, suspend les examens, et écrit au Ministre de l'instruction publique, une lettre dont nous ne pouvons extraire que le passage suivant :

« Monsieur le Ministre,

« Le pharmacien auquel la loi confie le dépôt des « substances abortives et des poisons de toute nature, « que la justice peut appeler en qualité d'ex-« pert à décider de l'honneur et de la vie de ses « concitoyens, a besoin qu'aucun antécédent fâcheux « ne le signale aux suggestions perverses. »

Le Ministre lui répondit immédiatement, approuva la conduite du président du jury, le remercia, le félicita vivement et l'élève fut exclus.

Dans les visites annuelles que la loi fait subir aux pharmaciens malgré leur diplôme et leur prestation de serment, M. Le Canu se montrait toujours tel qu'il était : bon, aimable avec ceux qu'il savait assidus à leur devoir, et sévère pour ceux qui ne le comprenaient pas.

Nous avons dit ce qu'a été M. Le Canu comme professeur, disons maintenant ce qu'il a été comme homme de science.

D'autres plus autorisés que nous se sont réservé, sur sa tombe, le droit et l'honneur d'apprécier ses travaux ; mais afin que, dans cette notice, sa figure soit complète, nous en donnerons la liste exacte et nous ne nous arrêterons que très-brièvement sur les principaux d'entr'eux.

Ces travaux, dont quelques-uns suffiraient pour illustrer un nom, remontent à l'année 1821, et ne se terminent qu'à sa mort.

L'énumération ci-dessous nous dira comme il a su toujours bien employer un temps dont il connaissait tout le prix :

Mémoires et travaux originaux.

1° Mémoire sur l'existence de l'acide succinique dans les Térébenthines.   (Le C. et Serbat)
2° Mémoire sur l'acide formique et les formiates.

3° Examen comparatif des acides succinique et benzoïque. (Le C. et Serbat)

4° Nouveau procédé pour obtenir l'oxyde d'urane. (Le C. et Serbat)

5° Analyse de la mine de zinc sulfuré, prétendue cadmifère, de Chéronie.

6° Mémoire sur les combinaisons oxygénées de l'urane.

7° Analyse de l'Hermodacte.

8° Premier mémoire sur la distillation des corps gras (1825.)

9° Second mémoire sur la distillation des corps gras.

10° Troisième mémoire sur la distillation des corps gras.

Ces trois derniers mémoires, insérés dans les annales de chimie et de physique et dans le journal de pharmacie, lui sont communs avec M. Bussy, directeur actuel de l'école de pharmacie de Paris.

Ils ont été présentés à l'académie des sciences par MM. Vauquelin, Thénard et Chevreul, qui ont conclu à leur insertion dans le recueil des savants étrangers.

Ce sont ces trois mémoires qui ont été le point de départ de la fabrication des bougies stéariques par distillation; ils ont donc rendu un immense service à l'industrie et à la société toute entière.

11° De la présence du sulfate de sesqui-oxyde de fer dans le résidu de la concentration de l'acide sulfurique.   (Le C. et Bussy)

12° De l'existence des acides oléique et margarique tout formés, dans la coque du Levant.

     (Le C. et Casaseca)

13° De la non-existence du nouveau carbonate de potasse annoncé par M. le professeur Peretti.

     (Le C. et Planche)

14° De la formation des acides oléique et margarique dans le traitement des graisses par l'acide azotique.   (Le C. et Bussy)

15° Examen de la substance cristalline des bains de San Germano, près de Naples.

     (Le C. et Blachet)

16° Analyse d'une concrétion salivaire.

17° De l'existence de la cholesterine dans le jaune d'œuf.

18° Examen des cristaux de l'huile de cannelle.

19° De la proportion d'urée contenue dans l'urine.

20° Examen de la matière résineuse des momies Égyptiennes. (Le C. et Ferussac)

21° Examen des nitrates de soude naturels du commerce.

22° De la matière colorante du sang.

Ce mémoire, lu à l'Institut et inséré dans les annales de chimie et de physique, commence la série des beaux travaux de M. Le Canu sur le sang.

L'auteur a pour but de démontrer :

1° Que sous le nom de matière colorante, Engelhart, Brande, Vauquelin et Berzelius n'ont étudié que des mélanges de matière colorante et d'albumine en énorme proportion.

2° Que le fer est inhérent à la matière colorante du sang, et s'y trouve en proportion d'autant plus grande qu'elle est obtenue plus pure.

Gay-Lussac et Serullas terminent ainsi leur rapport :

« Les faits qui précèdent, présentés avec clarté, et qui ont exigé beaucoup d'expériences pour les établir, font du mémoire de M. Le Canu un travail qui mérite l'approbation de l'Académie. »

23° Nouvelles recherches sur le sang.

Sur le rapport d'Orfila, l'Académie de médecine a décerné à l'auteur une médaille d'or de 500 francs.

Les résultats de ce travail sont les suivants :

1° La proportion de l'eau est plus faible dans le sang de l'homme que dans celui de la femme ; dans le sang des individus sanguins que dans celui des individus lymphatiques du même sexe.

2° La proportion de l'albumine est sensiblement la même dans le sang de l'homme et dans celui de la femme ; dans le sang des individus sanguins et dans celui des individus lymphatiques du même sexe.

3° La proportion des globules est plus forte dans le sang de l'homme que dans celui de la femme ; dans le sang des individus sanguins que dans celui des individus lymphatiques du même sexe.
24° Analyse du sang des cholériques.

L'auteur démontre :

1° Que le sang des cholériques contient deux fois autant de matières fixes que le sang des individus en santé, ce qui rend parfaitement raison de son état gélatinoïde.

2° Que conformément à l'opinion de M. Rayer, mais contrairement à celle de M. Hermann, de Moscou, il n'est pas acide.

25° Analyse d'un sang laiteux.

Conclusions : il devait sa lactescence à la présence d'une énorme proportion de matière grasse en suspension.

26° Analyse de la racine de l'iris fœtidissima, employée contre l'hydropisie par M. le professeur Récamier.

27° De la compositon chimique des corps gras.

Mémoire lu à l'académie des sciences et inséré dans le recueil des savants étrangers sur le rapport de MM. Dumas et Chevreul.

28° Examen d'une matière noire extraite du poumon d'un fondeur en cuivre. Cette matière était du charbon.

29° Examen chimique sur le sang humain (thèse soutenue à la Faculté de médecine de Paris, pour le doctorat, novembre 1837).

Ce travail complet a mérité à l'auteur toutes les sympathies, toutes les félicitations des savants de l'Europe, et lui a valu en récompense un des prix

Monthyon de l'académie des sciences et d'une valeur de 1500 francs.

La conséquence générale en est celle-ci : Dans la pléthore et les maladies inflammatoires, la proportion des globules est plus forte, et la proportion d'eau plus faible qu'à l'état de santé ;

Contrairement, dans l'anémie et les maladies adynamiques, la proportion des globules est plus faible et la proportion d'eau plus forte qu'à l'état de santé.

De là l'explication des avantages que présentent : Dans le premier cas les saignées, les applications de sangsues ; la diète des aliments solides, l'emploi des aliments peu azotés, des boissons délayantes, rafraîchissantes. etc., etc.

Dans le second, un traitement diamétralement opposé et capable de favoriser les fonctions des organes respiratoires et digestifs.

30° De l'existence de l'urée dans le liquide des reins, contrairement à l'opinion émise par Berzélius.

31° Analyse des calculs vésicaux de la collection de M. Segallas.   (Le C. et Segallas.)

32° Nouvelles recherches sur l'urine.

Ce mémoire a obtenu la mention honorable au concours de physiologie de l'académie des sciences, en 1841.

En voici les résultats :

L'urée est sécrétée en quantités égales, pendant des temps égaux, par le même individu. Il en est de même pour l'acide urique.

L'urée et l'acide urique, au contraire, sont sécrétés en quantités variables, pendant des temps égaux, par des individus différents.

Les quantités variables d'urée que des individus différents sécrètent, pendant des temps égaux, sont en rapport avec le sexe et l'âge de ces individus ; plus fortes chez les hommes dans la force de l'âge que chez les femmes, les vieillards et les enfants.

Les phosphates terreux, les chlorures, sulfates et phosphates alcalins, sont sécrétés en quantités variables, par des individus différents, et sans aucun rapport avec leur sexe ou leur âge.

33° De l'état sous lequel l'urée existe dans l'urine.

Contrairement aux opinions émises par MM. Persoz, Morin, Ossian Henry et Cap, elle y existe en nature et à l'état de liberté, suivant M. Le Canu.

34° De la composition du lait.

35° Nouveau moyen de constater la présence du sang dans l'urine et sur les étoffes.

36° Des moyens de constater la falsification des farines.

Excellent travail qui a obtenu un prix de la société d'encouragement.

37° De l'examen chimique des excréments de chauve-souris, par comparaison avec le guano.

38° Nouvelles études chimiques sur le sang.

Mémoire déposé, sous cachet, sur le bureau de l'académie, dans la séance du 24 mai 1852.

39° Examen d'un nouveau produit naturel, importé d'Amérique et formé en partie de borate de soude et de borate de chaux, (note lue à l'académie des sciences, le 28 mars 1853).

En dehors de ces travaux déjà considérables M. Le Canu a publié de nombreux rapports.

1° Sur des établissements publics et particuliers, au point de vue de l'hygiène.

2° Sur des mémoires soumis au jugement de l'Académie de Médecine et de la Société de Pharmacie.

3° Sur diverses questions de médecine légale ou d'expertises judiciaires.

40° Un cours complet de pharmacie générale en deux volumes.

Le premier traite de la pharmacie galénique et le deuxième de la pharmacie chimique.

M. Louis Figuier, dont l'année scientifique est si justement répandue, a bien voulu dire quelques mots de notre cher professeur; mais, soit que la mise en page de son intéressant volume lui ait imposé une rédaction trop spontanée; soit qu'il n'ait point assez connu, ou qu'il n'ait pas eu présents à la mémoire les travaux de son éminent confrère, ces quelques mots ne sont pas heureux, et nous espérons que l'année prochaine il les modifiera.

Il dit, en effet, dans son article nécrologique sur Le Canu (année 1870-1871) :

1842 — Il publia un traité de pharmacie galénique, que le traité de Soubeyran, vint complétement éclipser, « malheureusement pour lui. »

Nous ferons observer à M. Louis Figuier, que le traité de Soubeyran n'éclipsa pas le traité de Le Canu; mais qu'il en fut pour ainsi dire le corollaire, et ces deux ouvrages, que nous avons nous-même étudiés avec fruit, resteront. Celui de Soubeyran restera longtemps encore entre les mains des étudiants, jusqu'à ce qu'un autre l'ait à son tour remplacé ; et celui de Le Canu n'en sera pas moins consulté comme le premier ouvrage sérieux qui a guidé nos premiers pas.

Nous ne pouvons mieux faire, d'ailleurs, que d'en laisser l'appréciation à M. Bussy :

« Il faut avoir essayé, dit-il, de faire pénétrer dans « l'enseignement de la pharmacie, les données ri- « goureuses de la science, pour savoir ce qu'on y « rencontre de difficultés, lorsqu'on descend dans « les détails des phénomènes, et qu'on cherche à les « rattacher aux théories générales. C'est dans cette « voie difficile que s'est engagé M. Le Canu.

« Il eût pu, sans doute, et mieux que beaucoup « d'autres peut-être, se donner le facile mérite de « critiquer les pharmacopées existantes ; de propo- « ser des modifications plus ou moins utiles à tel « ou tel procédé, simplifier à tort ou à raison des « recettes connues, et attacher son nom à de nou- « velles formules. Il dédaigna ce moyen de succès, « il a compris qu'il fallait sortir du cercle étroit et vi- « cieux des modifications perpétuelles et sans portée.

« C'est incontestablement, le premier pas, pour
« l'introduction, dans la thérapeutique, de l'esprit
« des méthodes rigoureuses d'expérimentation, aux-
« quelles la chimie doit les immenses progrès,
« qu'elle a faits depuis un demi-siècle.

« Et s'il est vrai, comme on n'en saurait douter,
« que la pharmacie ait été le berceau de la chimie ;
« que de ses laboratoires soient sortis la plupart des
« hommes distingués qui ont contribué à ses per-
« fectionnements, la science, par un juste retour,
« acquitte une dette envers elle, en l'éclairant de sa
« lumière, en réfléchissant sur elle l'éclat dont elle
« brille, et en ouvrant une carrière nouvelle à ses
« recherches. »

41° Éléments de géologie, dédiés à mes chers petits-
enfants.

Livre excellent qui a eu deux éditions successives,
et dans lequel les gens du monde et les étudiants
peuvent trouver des notions plus que suffisantes sur
la structure de notre globe et les révolutions qu'il
a subies.

42° Études sur le chlorure d'oxyde de sodium et ses
usages, ses propriétés, son mode d'emploi, etc.

43° Études sur le soufrage de la vigne.

44° Études sur la vinification.

45° Nouvelles études sur la vinification.

Trois brochures fort intéressantes que les viticulteurs feraient sagement de consulter ; car ils y trouveraient des conseils qui les aideraient à déraciner la vieille routine, qui persiste encore, dans bien des contrées vinicoles.

Si, maintenant, le lecteur veut bien nous le permettre, nous indiquerons, dans le même ordre, les récompenses qu'a obtenues cette vie, toute de labeur, que nous reprendrons ensuite pour ne plus la quitter.

De 1825 à 1829 M. Le Canu fut nommé membre de plusieurs sociétés savantes.

1830. Il fait partie du conseil de salubrité de la Seine.

1831. Il reçoit un diplôme de membre de l'Académie de l'industrie.

1832. Il est nommé professeur adjoint de l'École de pharmacie de Paris.

1833. Une ordonnance royale le nomme professeur titulaire à la même école, sur la double présentation de l'Institut et de l'École.

1834. Il devient membre de l'Institut historique.

1835. Il siége au conseil de salubrité, en qualité de secrétaire pour l'année 1836.

1837. Il soutient sa belle thèse sur le sang devant la Faculté de médecine, et obtient son diplôme de docteur.

1838. Diplôme de membre de la Société philomatique. Il est nommé membre de l'Académie de médecine, et chevalier de la Légion d'honneur.

1844. Arrêté ministériel, le désignant à la vice-présidence du conseil de salubrité pour l'année 1844.

1853. Il reçoit de Cherbourg le diplôme de membre correspondant de la Société des sciences naturelles de cette ville.

1856. La Société d'émulation pour les sciences pharmaceutiques lui envoie le diplôme de membre associé.

1856. Le collége de pharmacie de Madrid lui donne le diplôme de membre correspondant.

1858. L'Académie de médecine de Poitiers lui envoie également le diplôme de membre correspondant.

1858. Diplôme de membre correspondant de l'Académie des sciences de Lisbonne.

1858. La Société de pharmacie de Bruxelles, les colléges de pharmacie de Barcelone, de Séville, de Grenade, s'honorent également de se l'attacher à titre de correspondant.

1860. Il est nommé chevalier de l'ordre royal espagnol de Charles III, et la même année il reçoit le brevet d'officier de la Légion d'honneur.

1862. Un décret du roi de Portugal lui confère les insignes de chevalier de son ordre royal de Notre-Dame de la Conception de Villa-Viciosa.

1869. Il est promu, par arrêté ministériel, professeur de première classe.

1870. Le président de la République de Honduras lui envoie le brevet de commandeur de l'ordre Santa-Rosa.

Ces insignes lui sont remis par l'ambassadeur de la République à Paris, M. Victor Herran, qui depuis longtemps était l'ami intime de M. Le Canu, dont il avait su apprécier le mérite et les belles qualités.

Ainsi, tous les titres, toutes les marques de distinction sont venus couronner la vie de M. Le Canu, et les hommes les plus considérables de son temps se sont groupés autour de lui. Berzélius, Faradey, Wœhler, Bunsen, Vogel, etc., entretenaient une correspondance intime avec lui, et Dumas, Boussingault, Payen, Élie de Beaumont, Milne Edwards, etc., etc., lui témoignaient une affection toute particulière.

Connaissant la nature humaine, dont il excusait les faiblesses, il la voyait toujours de son beau côté et, sans préjugés, sans distinction de parti, religieux ou politique, il s'était concilié bien des sympathies, dans le clergé, dans la magistrature et dans l'armée. M. l'abbé Dedoue, chanoine de Notre-Dame de Paris, qui l'a assisté dans ses derniers moments, et M. l'abbé Sutin, supérieur du petit séminaire de Sommervieux (Calvados), avaient une profonde amitié pour lui, et s'ils parcourent ces lignes, ils m'approuveront, bien sûr, de les avoir écrites.

Il accueillait, avec un charme infini, ceux qui

venaient le visiter, et Mme Le Canu, qui était si bien
un autre lui-même, trouvait toujours aussi le moyen
d'adresser à ses hôtes quelques-unes de ces bonnes
paroles comme elle savait les dire.

Aussi combien de fois, en passant de l'un à l'autre
de ces deux visages, si pleins de bienveillance, et
qui reflétaient une si parfaite harmonie de sentiments, nous sommes-nous rappelé Ovide parlant de
Philémon et Baucis :

> . . . . Super omnia vultus
> Accessere boni. . . . .

M. Le Canu comprit tout aussi bien ses devoirs
de citoyen que ceux d'homme de science. Très-
aimé dans son quartier, il y jouissait d'une grande
influence, et après les événements de 1830, il fut
nommé, par acclamation, capitaine de voltigeurs,
1er bataillon, 4e légion de la Seine. A cette époque d'é-
meutes perpétuelles, les dévouements se comptaient,
comme nous les avons comptés dans nos récents
malheurs, et une grande partie de la population mâle
et valide s'était réfugiée en province sous prétexte
de santé comme elle l'a fait en 1870 et 1871. C'était
donc faire acte de courage que d'accepter un pareil

poste ; **M. Le Canu** l'accepta cependant, et il ne tarda pas à prouver que s'il était sans reproche, il était également sans peur.

Il résista d'abord énergiquement à la garde municipale qui venait le relever du poste de la halle aux draps qui lui avait été confié, et après avoir parlementé avec l'officier qui la commandait, il resta maître de la position.

Le lendemain le général aide de camp Carbonnel approuvait sa conduite et le félicitait.

Au mois de décembre 1831, le lendemain du jugement des ex-ministres, le capitaine Le Canu eut la présence d'esprit de faire battre la charge, et à la tête d'une poignée d'hommes qui, malgré les pierres qui les assaillaient de toutes parts, n'ont pas reculé, il parvint à contenir un attroupement considérable qui se portait sur le Palais-Royal, et ce ne fut qu'assez longtemps après qu'il le refoula, soutenu par un bataillon de garde nationale accouru du pont Neuf pour le seconder. Dans cette affaire une pierre atteignit M. Le Canu et le blessa assez grièvement.

Au mois de février de la même année il avait secondé activement les troupes de ligne, contribué à étouffer une émeute et à préserver la magnifique église de Saint-Germain-l'Auxerrois d'un pillage qui était déjà commencé, ainsi que l'atteste la pièce suivante :

Reçu de M. Le Canu, capitaine de voltigeurs, 1er bataillon, 4e légion :

1° Un ornement complet, cramoisi blanc, brodé en or ;

2° Trois pièces d'argenterie ;

3° Un cadre en corail ;

4° Un christ en bronze (brisé) ;

5° Une descente de croix sur bois ;

6° Un paquet de papiers et divers objets ;

7° Un paquet de linge.

Église Saint-Germain-l'Auxerrois, 17 février, 1831.

Signé PILLE.

M. Le Canu avait épousé, en 1828, une intelligente et belle personne, Mlle Adéline Labarraque, dont le père, pharmacien distingué de Paris, attacha plus tard son nom à une découverte qui rend encore de si grands services aujourd'hui. Notre belle langue n'a pas de synonyme, et il n'inventa pas, suivant encore l'expression de M. Louis Figuer, le chlorure d'oxyde de sodium, mais il le découvrit, comme Pelletier et Caventou ont découvert, plus tard, le sulfate de quinine.

Dans la dédicace adressée à M. et Mme Allain Le Canu, nous avons dit que nous compléterions la pensée de notre cher professeur, nous le ferons ici en ne donnant, toutefois, qu'une trop courte notice sur M. Antoine-Germain Labarraque.

Il naquit à Oloron (Basses-Pyrénées), le 29 mai 1777 ; ses parents jouissaient de l'estime publique, et leur position de fortune était modeste ; mais ils lui firent donner une éducation convenable et lui transmirent l'exemple de la pureté de leurs mœurs et de leur sévère et rigide probité. A dix-huit ans, il voulut concourir à la défense de son pays et il s'engagea dans le 1er *grenadier de France*, que ses exploits avaient fait surnommer la *colonne infernale*, et qui était commandé par le fameux *Latour d'Auvergne*. Il se distingua bientôt parmi ces braves et il obtint le grade de sergent sur le champ de bataille. Son caractère énergique, son exactitude à remplir ses devoirs, lui auraient ouvert un chemin brillant dans la carrière militaire, si une maladie grave, le typhus qui sévissait alors, ne l'avait pas laissé plusieurs mois entre la vie et la mort, et n'avait altéré profondément sa santé.

Malgré son jeune âge, et les incomplètes études qu'il avait pu faire, on le nomma pharmacien de l'hôpital de Berra (Espagne) qu'il dirigea avec intelligence ; mais sa santé ne s'améliorant pas, il quitta le service et vint à Montpellier où il suivit les cours de Chaptal.

En 1799 il entra chez Pelletier père, pharmacien, rue Jacob, où Vauquelin et Corvisart le prirent en affection.

Une nuit Corvisart vint sonner et lui remit une ordonnance pour préparer une potion qu'il allait attendre et porter lui-même au premier Consul. L'élève y donna tous ses soins ; mais la préparation était longue et Corvisart manifestait la plus vive impatience. Attendez un peu, lui disait Labarraque pour le calmer, quelques minutes de plus ou de moins n'empêcheront pas le médicament de produire son effet. Mais malheureux, s'écria Corvisart, tu ignores donc que, si à quatre heures du matin je n'arrive pas auprès du premier Consul avec ma potion, il me la jettera à la face. Que dites-vous? reprit Labarraque, s'il en est ainsi je ne serai jamais son pharmacien, car s'il me faisait un pareil outrage je l'étranglerais.

Quand il eut passé ses examens, Labarraque acheta une pharmacie, rue Saint-Martin; elle porte encore son nom en souvenir de la réputation qu'il s'est acquise.

En 1820, la Société d'encouragement mit au concours la question suivante :

« Trouver un procédé chimique ou mécanique,
« pour enlever la membrane muqueuse des intestins
« qu'on emploie dans les boyauderies, procédé qui,
« sans faire usage de la macération, s'oppose effica-
« cement, pour la salubrité, à la putréfaction des
« tissus. »

Labarraque s'occupa de ce problème et il le résolut dans un mémoire qui avait pour épigraphe cette belle pensée :

« La chimie se répandra peu à peu dans toutes les
« classes de la société, et tandis qu'elle ne cessera de

« faire des pas vers la perfection par les découvertes
« des savants, elle éclairera tous les ateliers, toutes
« les manufactures dont la prospérité est liée à ses
« progrès. »

La Société d'encouragement lui accorda le prix
de 1,500 fr., et bien que le programme ne l'obligeât
point à publier le procédé qu'il avait employé, il le
fit sans restriction. L'Académie des sciences l'en
récompensa en lui accordant un *prix Montyon*, de la
valeur de 3,000 francs ; l'Académie de Marseille lui
décerna une médaille d'or ; la Société d'encouragement l'admit au nombre de ses membres ; il fit
bientôt partie du Conseil de salubrité de la Seine,
de l'Académie de médecine, et l'*inventeur* et le *fa-
bricant de chlorure*, suivant les expressions de
M. Louis Figuier, fut nommé membre de la Légion
d'honneur en 1827.

Son procédé qui consistait dans l'application des
chlorures d'oxyde de sodium et de calcium à la
désinfection, eut un très-grand retentissement, et
depuis qu'il en a fait connaître l'emploi, il a rendu
d'immenses services dans l'assainissement des salles

d'amphithéâtre de dissection, dans les magnaneries, les abattoirs, les égouts, les étables, les hôpitaux, les ateliers, etc., etc.

On les appliqua en grand à Paris pour l'exhumation des cadavres des combattants de juillet, pour le curage de l'ancien égout Amelot, pour ceux du canal Saint-Martin et des rues Daval et de la Roquette, pour l'assainissement des harnais des chevaux atteints de la morve, et on les employa toujours avec succès depuis 1832, pendant les épidémies de choléra et des autres maladies contagieuses.

Pariset, qui devint membre de l'Institut et secrétaire perpétuel de l'Accadémie de médecine, reçut en 1829 la mission d'aller étudier en Égypte, les causes de la peste, et de constater l'effet des chlorures sur les matières infectées de miasmes pestilentiels.

Il partit, et de l'examen des localités il acquit la certitude que ce pays était bien le foyer originel de la peste comme il l'avait toujours pensé.

Mais, pour constater l'effet des chlorures, il lui fallait, comme il le dit, avoir la bonne fortune de rencontrer la peste ; il l'attendait en Égypte, elle était en Syrie. Il partit donc, et après un voyage des plus pénibles, il arriva à Tripoli le 30 mai 1829.

Dès le lendemain il commença ses expériences dont la plus courageuse et la plus concluante a été celle-ci :

Il fit acheter six vêtements complets, la chemise et les caleçons compris, dans lesquels venaient de mourir six pestiférés. Ces vêtements, les uns en soie, les autres en coton, conservaient les traces de leur origine et exhalaient une odeur détestable. Il les fit d'abord laver à l'eau simple, et tremper ensuite dans une dissolution de chlorure de sodium, où ils restèrent pendant seize heures. On les tordit, on les exposa au soleil, et quand ils furent secs, MM. Pariset, d'Arcet, Bosc, et trois autres de leurs dévoués compagnons, se les appliquèrent sur la peau, les conservèrent pendant dix-huit heures, et leur santé n'en a jamais été altérée depuis.

Pariset en tira ces deux conclusions : 1° qu'à l'aide des chlorures on pouvait désinfecter à peu de frais, et en peu de temps, des effets et des marchandises sans les détériorer ; 2° réduire une épidémie à elle même et l'empêcher d'en produire une seconde, puis une troisième.

M. Labarraque avait beaucoup d'amis, et peu d'ennemis ; son caractère ferme et persévérant, n'en était pas moins plein de douceur, de conciliation, et sa vie a été toute de dévouement et d'abnégation. Lors de la funeste invasion du choléra en 1832, il ne pouvait suffire aux demandes de chlorure qui lui étaient faites, mais il préférait ne pas en vendre plutôt que d'en laisser manquer dans les bureaux de secours, auxquels cependant ils les délivrait gratuitement.

Pour perpétuer le souvenir de cet homme de bien, le conseil municipal de Galluis-la-Queue (Seine-et-Oise), son pays adoptif, a décidé que la rue principale porterait désormais le nom de : rue de Labarraque ; et s'associant à la même pensée, celui d'Oloron, vient également de donner son nom à la rue dans laquelle il est né.

La mère de Mlle **A.** Labarraque avait également toutes les qualités du cœur et de l'esprit. Son père, Nicolas Vaudé, était un banquier de Paris, très-estimable et très-considéré. A l'époque de la révolution et quand les assignats diminuaient de valeur de jour en jour, il n'hésita point à consommer sa ruine, plutôt que de manquer à ses engagements ; il remboursa en espèces sonnantes, sa riche clientèle composée, en grande partie, de la vieille noblesse française.

Élevée dans un intérieur où elle n'avait eu sous les yeux que de bons exemples, et habituée elle-même, par sa digne mère, à faire le bien dès son jeune âge, mademoiselle Labarraque n'eut pas de peine à faire revivre autour d'elle tout le bonheur qu'elle venait de quitter. Adorée de son mari, qu'elle adorait elle-même, créés, pour ainsi dire, l'un pour l'autre, ils ne connurent jamais que la plus intime harmonie, et se réunissant toujours pour une bonne action, Dieu seul a pu connaître toutes les larmes qu'ils ont taries sur la terre.

Ils eurent deux filles qui mirent le comble à leur bonheur; ils les élevèrent avec tous les soins dont ils avaient été eux-mêmes l'objet, et peut-être, afin de les soustraire aux soucis continuels, aux incessantes préoccupations qui assiégent l'intérieur de l'homme de science, ils aimèrent mieux les marier à deux très-honorables négociants de Paris.

Ils les virent, en effet, prospérer sous leurs yeux; les trois ménages n'en faisaient plus qu'un; tout ce cher monde là s'aimait beaucoup, se le disait et se le prouvait, et la joie fut à son comble quand, au bout de quelques années, les grands-parents purent faire sauter sur leurs genoux de beaux et gracieux petits lutins.

Jusque-là, M. et madame Le Canu n'avaient connu le malheur que par les consolations qu'ils lui avaient prodiguées ; on aurait dit qu'ils devaient faire exception à la loi commune ; mais un jour il fondit sur eux avec une violence extrême, et les laissa plongés dans la douleur ; la mort avait enlevé, coup sur coup, à leur affection, la plus jeune de leurs filles et le plus jeune de leurs gendres.

Le chagrin fut profond... Cependant ils s'inclinèrent sous la main de la Providence, en pensant à ceux qui les entouraient toujours, et aux deux orphelins qui allaient réclamer leurs soins.

Pendant les vacances et pour reposer son esprit des longues fatigues de toute une année, M. Le Canu aimait à se retirer sous les délicieux ombrages de son cher Galluis. Là il retrouvait toujours avec bonheur sa vénérable belle-mère, madame Labarraque , qui, malgré son grand âge, 88 ans, conserve tout son cœur pour chérir ses petits-enfants et

arrière-petits-enfants; toute la fraîcheur de son intelligence pour le leur dire quand ils vont l'embrasser, ou le leur écrire bien gracieusement quand ils
sont loin d'elle. Excellente madame Labarraque!
elle a vu bien des orages s'amonceler et passer sur sa
tête; mais comme le roseau elle a fléchi sans être
brisée! Et aujourd'hui, comme un chêne presque
séculaire, dont les rameaux protégent les jeunes
arbustes qui croissent à ses pieds, elle protége
de toute sa sollicitude et de toute son affection ces
chers êtres qui viennent souvent s'abriter sur son
cœur!

Là aussi, M. Le Canu retrouvait le calme dont il
avait si grand besoin; son âme toute poétique s'é-
panchait avec la nature qu'il aimait tant, et pour s'i-
dentifier plus encore avec elle, il y composa ses
Éléments de géologie.

Depuis quelques années surtout, une propriété
qu'il possédait dans les Basses-Pyrénées, et dans
laquelle il faisait d'importantes améliorations, ré-
clamait sa présence, et ses vacances se partageaient
entre Galluis et son château de Lycerasse près
Baïgorry. C'est là que pendant ses loisirs il s'occupa

de viticulture et publia les intéressantes brochures, dont nous avons parlé plus haut.

Cependant, madame Le Canu souffrait depuis assez longtemps d'une affection grave, que la chimie reconnaît toujours, suivant la juste expression de M. Chatin, mais que la médecine guérit trop rarement. Son mari en suivait toutes les phases avec inquiétude ; il procédait avec un soin minutieux aux analyses fréquentes qu'elle exigeait, et il nous était facile de lire sur ses traits ses craintes ou ses espérances.

Ces espérances diminuèrent bientôt, la maladie s'aggravait de jour en jour ; madame Allain ne quitta plus le chevet de sa mère qui ne savait comment lui exprimer sa satisfaction pour le dévouement avec lequel elle la soignait ! Un jour toutes les espérances s'évanouirent, et madame Le Canu s'éteignait à Lycérasse, le 15 avril 1871.

M. Le Canu ne l'avait pas quittée d'un instant, il avait recueilli ses dernières paroles, et reçu son dernier embrassement... Sa douleur fut immense.... nous ne saurions la dépeindre... Beaucoup de ceux qui liront cette notice le connaissaient et l'aimaient ;

ils trouveront aisément les expressions qui me manquent.

Un de ses anciens élèves. M. Ramon de Luna, professeur à la Faculté des sciences de Madrid, le traducteur fidèle de tous les ouvrages de son maître, et son meilleur ami, accourut à la nouvelle d'un pareil malheur. Il resta six semaines auprès de lui, l'encouragea, confondit ses larmes aux siennes, et ne le quitta qu'après en avoir obtenu la promesse qu'il ferait un voyage en Espagne.

Sa famille qui craignait pour sa santé l'encouragea dans cette résolution ; elle en fut toute heureuse, car elle espérait, de ce voyage, une efficace diversion à sa douleur ; elle espérait que s'il ne lui faisait pas oublier celle qu'il venait de perdre, il ramènerait au moins le calme dans son esprit, et lui ferait retrouver assez de courage pour vivre longtemps encore, au milieu de ceux qui lui restaient, et qui l'aimaient si tendrement... Elle se trompait.

Nous qui avons lu toute entière sa nombreuse et intéressante correspondance d'Espagne, nous en avions jugé tout autrement.

Cette correspondance était bien cependant toujours

la même, pleine de charme, de finesse et d'esprit ; sa belle et brillante imagination s'y donnait carrière tout à son aise, et les descriptions ravissantes et gracieuses, comme il savait les faire, fourmillaient à chaque page ; mais nous avions lu dans Bernardin de Saint-Pierre, et nous le croyons, qu'il fallait toujours chercher dans les dernières phrases d'une lettre, la pensée dominante de celui qui l'a écrite, et toujours nous avions vu que loin de se cicatriser, sa profonde blessure ne faisait que s'aggraver tous les jours.

Enfin, après avoir fait tout ses préparatifs, après avoir embrassé tous les siens, il partit pour Madrid, emmenant avec lui ses deux petits orphelins. M. et madame Ramon de Luna les reçurent avec la plus vive effusion ; leurs gracieuses jeunes filles accueillirent avec joie leurs deux nouveaux amis ; on les entoura des soins les plus empressés, les plus affectueux, et au milieu de cette bonne famille, M. Le Canu retrouva pour un instant toute son âme et tout son cœur.

Un jour, nous l'espérons, M. et madame Ramon de Luna liront aussi les lettres que leur ami adressait à sa bien-aimée fille, et le bonheur qu'ils en éprouveront ne fera qu'augmenter leurs regrets de l'avoir perdu !

M. R. de Luna ne le laissa pas un instant livré à lui-même, pendant tout le temps de son séjour auprès de lui. Il lui fit visiter la ville, ses magnifiques églises, ses riches musées, les hôpitaux, les amphithéâtres, etc... Il le présenta aux professeurs les plus distingués, au vénérable doyen de la Faculté de pharmacie M. Camps y Camps, au professeur Masarno, à plusieurs grands d'Espagne, au maréchal Serrano, etc., etc. Partout il fut reçu avec sympathie et distinction et toujours on s'empressa de lui rendre ses visites.

Plusieurs réceptions eurent lieu en son honneur ; nous nous arrêterons un instant au dîner qui lui fut offert par M. Masarno, et qui fut terminé par un épisode qui dit bien toute la mémoire du cœur espagnol.

La table était splendidement servie, et les convives avaient été choisis surtout parmi les professeurs de la Faculté de pharmacie. Au dessert M. Le Canu voulut prendre la parole; mais son amphitryon ne lui en laissa pas le temps. Maître !

dit-il, vous voulez me remercier n'est-ce pas ? Eh bien ! c'est inutile, puisque mon dîner d'aujourd'hui n'est lui-même que le remercîment du déjeuner que vous m'avez si gracieusement offert le 11 août 1833, à onze heures du matin, dans votre jolie petite salle à manger de Paris. Je n'ai pas oublié non plus ce déjeuner si modeste, répondit de suite M. Le Canu, en s'adressant aux convives de M. Marsano, et je ne saurais trop, messieurs, vous engager à réunir vos épargnes, et à les confier à notre si intelligent collègue ; car vous voyez qu'il paye ses dettes avec gros intérêts.

Dès le lendemain de son arrivée à Madrid M. Le Canu assistait au cours de M. de Luna, les élèves l'accueillirent par une triple salve d'applaudissements, qui empêchèrent pendant plus de cinq minutes, le professeur de continuer sa leçon.

Un autre jour M. de Luna le faisait assister à la séance de la Faculté des sciences, où on lui offrit le fauteuil de la présidence ; mais il déclina cet honheur. Enfin son digne ami fit tout pour occuper son esprit et son imagination, afin de le détourner de ses douloureuses pensées.

Mais ce qui l'émut au delà de toute expression, ce furent les trois députations des étudiants des Facultés des sciences, de médecine et de pharmacie, qui lui furent envoyées, par leurs camarades, afin de lui souhaiter la bienvenue, et de lui exprimer toute leur gratitude pour la visite dont il avait bien voulu les honorer.

M. de Luna lui fit ensuite visiter les principales villes d'Espagne ; Séville, Grenade, Cordoue, Cadix, etc., excitèrent tour à tour son admiration, et quand il revint à Madrid, il s'y vit encore l'objet de bien réelles sympathies.

Le maréchal Serrano, M. Venavidès ancien président du conseil des ministres, le célèbre orateur Castelar lui envoyèrent leurs photographies, et il reçut d'un étudiant espagnol une pièce de vers charmante. Bien que cet étudiant demeurât à l'autre extrémité de la ville dans la rue Santa-Cruce, il n'en voulut pas moins aller lui en exprimer toute sa satisfaction.

Cependant, le terme des beaux jours qu'il devait passer à Madrid approchait, et M. Le Canu ne voulait pas quitter son ami sans avoir assisté une dernière fois à son cours.

M. Ramon de Luna, qui le désirait vivement, s'y prêta de la meilleure grâce ; il choisit le plus grand amphithéâtre de la Faculté de médecine, et au jour indiqué, la salle fut entièrement comble. Quand les deux professeurs y firent leur entrée (**M.** Le Canu accompagné de son cher petit Paul), de formidables bravos ébranlèrent les voûtes.

Le professeur, avec une intention pleine de délicatesse, avait choisi pour sujet de sa leçon : le sang et les corps gras. A peine l'eut-il annoncé que les acclamations redoublèrent et qu'il fallut à **M. R.** de Luna toute l'influence de sa parole aimée, pour qu'il pût continuer son cours.

M. Le Canu nous a raconté cette belle séance qui l'émotionna si vivement. Nos lecteurs nous sauront gré de reproduire ici l'une de ses lettres dans laquelle il nous la décrit si bien :

« Madrid, samedi 18 novembre 1871.

« Ma fille bien-aimée,

« Je sors de la Faculté de médecine, j'ai assisté à « la leçon de Ramon de Luna, et j'ai fait mes adieux

« à ses douze cents élèves. Mon petit-fils m'accom-
« pagnait et vous dira ce qui s'est passé ; car je suis
« sûr qu'il en gardera le souvenir...........
« ....Quant à moi, j'ai encore les larmes aux
« yeux, et le cœur gonflé d'émotions... Jamais sou-
« verain n'a reçu pareil accueil..... L'auteur des
« vers qui m'avaient été adressés par un élève au
« nom de ses camarades, et dont je t'ai parlé dans
« une de mes précédentes lettres, les a lus à la de-
« mande du professeur et ils ont été couverts d'ap-
« plaudissements. Un autre élève a improvisé, en
« mon bonheur, un discours admirablement mimé,
« qu'un troisième a traduit en français encore aux
« applaudissements des auditeurs.

« A la sortie, les douze cents élèves nous ont ac-
« compagnés, pendant plus d'un demi-kilomètre,
« chapeau bas, et avec de telles démonstrations de
« respect, que les sergents de ville placés sur le
« passage de ce véritable cortége, s'empressèrent de
« nous saluer.

« Nous avons voulu prendre une voiture, pour
« nous soustraire à cette ovation, qui émotionnait
« tout un quartier de la ville, faisait mettre toutes

« les têtes aux fenêtres, et nous y étions déjà instal-
« lés, quand vint à passer le docteur Velasco, l'un
« des premiers professeurs de la Faculté.

« Il nous aperçoit, fait arrêter sa magnifique voi-
« ture, attelée de deux magnifiques andalous, en
« descend, nous y fait monter et s'en retourne à
« pied.

« Aussitôt les élèves qui nous entouraient l'ap-
« plaudirent avec frénésie ; l'un deux se précipita
« vers la portière de la voiture, me prit vivement la
« main, et en la serrant de ses chaleureuses étrein-
« tes, me cria : que le cœur des étudiants espagnols
« conserverait toujours mon souvenir.

« Je rapporte les vers, avec la traduction en
« français ; le discours me sera remis en copie, de-
« main à midi, par la députation qui viendra me
« faire ses adieux, au nom des étudiants.

« Depuis mon retour à Madrid, je reçois visites
« sur visites de mes collègues les professeurs, etc.,
« etc... Enfin, je ne m'explique pas la sympathie
« dont je suis l'objet, et je ne saurai jamais la recon-
« naître ni m'en montrer assez reconnaissant. C'est
« une preuve bien puissante de l'influence de Mu-

« noz de Luna, de l'affection qu'il a su inspirer, et
« de sa chaleureuse amitié. »

M. Le Canu se peint tout entier dans cette lettre
où son cœur déborde à chaque ligne. Sa modestie
l'empêche de se reconnaître lui-même, et le
fait reporter sur son ami les ovations dont il a
été l'objet. Ces ovations s'adressaient aux deux
amis, et les étudiants, avec un tact exquis, ont
voulu, en accueillant avec autant d'enthousiasme
le savant étranger, dont ils ont tous les jours
les ouvrages entre les mains, témoigner à leur cher
professeur, que lui aussi était digne de toute leur
affection.

Aussi, merci à vous, monsieur Ramon de Luna,
merci à votre excellente famille, qui avez coloré
d'un si beau rayon de soleil les derniers jours de
M. Le Canu !

Merci à vous, jeunes étudiants, qui avez eu le
bonheur d'applaudir, une dernière fois, celui que
les élèves de Paris applaudissaient depuis si longtemps !

Si vous l'aviez entendu comme nous, rappeler vos

vigoureux transports, votre virilité précoce, et l'espoir qu'il en fondait pour l'avenir de votre belle patrie, presque aussi éprouvée que sa sœur notre belle et malheureuse France, vous en seriez fiers ; et vous éprouveriez une bien vive satisfaction et un légitime orgueil, si nous vous disions que votre souvenir l'a suivi jusqu'à sa dernière heure !

Vous lui avez, en effet, présenté trois adresses bien senties, bien exprimées ; l'un de vous, M. Molina, a prononcé, en votre nom, un discours qui prouve que le sang n'est pas plus figé dans vos veines que dans les nôtres, et enfin M. Vital Aza y Builla a lu une pièce de vers, bien écrite, bien pensée, et qui reflète admirablement la noblesse et la délicatesse de vos âmes !

M. Le Canu a légué en mourant ces chers souvenirs à sa fille bien-aimée ; elle les conservera précieusement, soyez-en sûrs ; nous les avons sous les yeux pour un instant, et nous ne pouvons résister au désir de les reproduire ici, dans l'ordre où vous les avez présentées, avec la traduction, en français, que vous en avez faite, vous-mêmes.

*Première adresse présentée par les étudiants
de la Faculté de médecine.*

Cette adresse, écrite sur papier Bristol, est entou-
rée de forts jolis dessins à la plume, par M. H. Gordo.
Ces dessins, exécutés de main de maître, représen-
tent la Médecine tenant de sa gauche le caducée
d'Hippocrate, et de sa droite la coupe de vie.

A Monsieur le professeur Le Canu.

« 31 octobre 1872.

« Honorés par la visite de l'éminent chimiste
« M. Le Canu, qui s'est illustré par tant de travaux,
« et surtout par la découverte de l'hématosine ;
« animés par le plus profond amour pour la science
« qu'il représente si dignement, et ne sachant
« comment répondre à cette marque de bienveil-
« lance, qui nous honore, nous venons l'en remer-
« cier au nom de tous nos condisciples, lui en témoi-
« gner toute notre reconnaissance, et prier notre
« très-digne et très-estimé professeur M. de Luna,
« à qui nous devons en partie la bonne fortune de

« cette visite, d'agréer en même temps l'expression
« de notre respect et de notre tendresse. »

Les élèves de la Commission :

Gregorio Aroca y Picarzo, Raphael
Lopez y Gimenez, Sandalio Martinez de
Mora, Federico de Arce Bodega Julio del
Arco y Ocaviz, Luis Montreal y Fernandez,
Carlos Miranda y Bureau, y Villaloa, Teo-
doro de la Bordega y Martinez, Vital Aza
y Bailla, Francisco Agua de Webre.

*Deuxième adresse. — Les élèves de chimie générale
appartenant à la Faculté de pharmacie.*

Monsieur,

Les élèves de cette Faculté, remplissant un devoir
de conscience se font les interprètes, de tous leurs
condisciples, et viennent vous manifester la satisfaction et le bonheur qu'ils ont de connaître un des
plus célèbres chimistes de l'époque ; celui qui mérite
toutes nos louanges, parce qu'il a été l'esclave
de la science, qu'il a su faire progresser ; celui enfin
qui a bien voulu nous honorer de sa présence.

Ils vous prient, Monsieur, d'agréer leurs remercîments les plus expressifs, l'assurance de toute leur gratitude et celle de leur profond respect.

Madrid, 31 octobre 1871.

Les élèves de la Commission.

Manuel Capilla y Losilla, Ceferino Hanez Cuesta, Quirico Lopez, Enrique Benito Thavarri, Sixto Martinez Pastor.

Troisième adresse. — Les élèves de la faculté des sciences, cours de Chimie.

31 octobre 1872.

Monsieur,

Les élèves de la faculté des sciences de cette université, manqueraient au devoir le plus sacré, qu'impose le respect et la considération dont il est digne, tout homme qui, comme vous, a vieilli dans la science, si aujourd'hui ils ne tournaient l'expression de leur gratitude :

Envers celui qui a daigné honorer de sa présence notre modeste classe de chimie ;

Envers celui qui a eu la bonté de venir faire une salutation à une jeunesse, qui vient à la vie de la science ;

Envers vous, enfin, Monsieur, qui avez fait dans le champ de la chimie des découvertes qui vous ont concilié la gratitude éternelle du monde entier.

Veuillez agréer la respectueuse expression de reconnaissance de la jeunesse espagnole, qui vous salue avec toute la véhemence de son cœur passionné.

Les élèves de la Commission.

Pedro Molina y Vicente, José M. Miguel, Emilio Mazzaredo y Lopez, Firmin Juarez y Juarez, Manuel Precioso Lopez, Francisco Corallis y Martinez.

Discours de M. Molina, prononcé au Cours de M. Ramon de Luna

Monsieur,

Je suis le plus humble des étudiants espagnols, et cependant mes condisciples m'ont fait l'honneur de me désigner pour vous adresser la parole dans ce temple sacré de la science ; pour vous exprimer les sentiments de gratitude et d'admiration qui nous animent tous, et vous dire avec cet élan propre à nos cœurs passionnés, propre à tous les peuples du Midi, que nous vous saluons puisque vous allez vous séparer de nous et que nous disons un dernier adieu au digne émule de Lavoisier, de Thénard, de Liebig et de Dumas.

Allez, Monsieur, de l'autre côté des Pyrénées, rendre à la jeunesse française votre parole magique où elle est heureuse de puiser la science, cette inspiration divine, cette vérité suprême, et dites bien aux étudiants nos frères, que si la belle patrie de Cervantes, de Sénéca et d'Orfila, ne nous présente aujourd'hui que des sentiers remplis d'écueils, notre amour pour la science, et notre énergique volonté, la transformeront bientôt en prairies émaillées de fleurs.

Au nom de tous les élèves qui sont ici, je termine et vous salue encore, avec toute l'effusion de mon âme, et tous nous enfermerons dans notre cœur le souvenir ineffaçable de cette affectueuse visite, de cette visite de l'un des champions de la science, qui est supérieure à tout parce que : *si la foi dans la religion est le chemin de la gloire, la conviction dans la science est la gloire de la raison.*

Pedro Molina y Vicente.

Traduction des vers adressés à M. Le Canu, et lus par l'auteur, dans la même séance.

Je n'admire pas la grandeur obtenue sans mérite ; et je ne me suis jamais incliné devant la vaine noblesse fondée seulement sur les titres de dignité.

Mais je réserve mon admiration pour l'homme qui a pénétré la science, parce que ma raison comprend que la science est le plus beau titre de grandeur, la récompense la plus noble du monde.

C'est pour cela que j'ai vu avec admiration votre tête vénérable, où se trouve le savoir ; aussi, Le Canu, votre grand talent vous a fait un grand homme.

Et c'est bien l'expression sincère de mes sentiments, car jamais mon jeune cœur n'a rendu hommage à la vile adulation.

Vous êtes bien heureux, Monsieur, d'avoir obtenu l'étincelle de la science ; vous êtes bien heureux de pouvoir montrer une distinction si honorable : vos cheveux respectables blanchis dans l'étude !

La terre, l'eau, l'air et le feu, ont été tour à tour l'objet de vos recherches favorites ; vous étudiez toujours de nouveaux corps, afin d'avoir le bonheur d'arracher ses secrets à la nature ;

Et bien qu'ayant étudié dans un occulte laboratoire, votre pensée sublime ne s'en est pas moins élevée, comme l'aigle, jusque dans les régions du ciel.

Votre belle intelligence à fait faire à la chimie de si grands progrès, que la France retrouve en vous l'émule de Lavoisier et de Thénard.

Et aujourd'hui, que l'auréole de cette science brille sur votre tête, accueillez avec bienveillance l'amour, le respect et l'admiration que la jeunesse Espagnole est si heureuse de vous témoigner !

N'ambitionnez pas une gloire plus grande que

5.

celle que vous doit la médecine ; car elle consignera dans ses annales :

« Un souvenir bien mérité pour le grand savant « qui a découvert l'Hematosine !!! »

Madrid, 31 octobre 1871.

Son admirateur, l'élève de chimie générale,
Vital Aza y Builla.

On dirait, après avoir lu toutes ces belles pages, que les élèves de Paris les auraient écrites avec vous, tant elles expriment leur affection ; aussi recevez-en nos remercîments, encore une fois, chers Étudiants, et faisons des vœux pour que l'Espagne et la France soient aussi étroitement unies pour la saine liberté, que nos cœurs le sont pour la reconnaissance. Alors, il n'y aura plus de Pyrénées, et ces races latines, que le despotisme voudrait anéantir, prouveront une fois de plus au monde, qu'avec l'amour du devoir, la science et la foi bien comprise, on peut soulever des montagnes !

M. Le Canu revint à Paris le 23 novembre dernier ; son gendre et sa fille, qui l'avaient devancé, lui avaient fait disposer un appartement en harmonie avec ses goûts. Il le trouva parfait, le parcourut dix fois en tous sens, et en exprima vingt fois toute sa satisfaction. Il semblait avoir retrouvé un peu de bonheur au milieu de ceux qui lui restaient pour l'aimer, et il les embrassait tour à tour avec toute l'effusion dont il était capable.

Le lendemain et les jours suivants, il rangea sa riche bibliothèque; classa, avec un ordre infini, ses diplômes, ses brevets, sa volumineuse et intéressante collection d'autographes, sa correspondance, etc. etc., et, pour occuper son cœur et son esprit, il disposa tout sur son bureau pour écrire les biographies dont nous avons parlé plus haut, et en outre celle de Parmentier, que nous avions oubliée.

Il vint nous voir le samedi. Le chagrin avait bien un peu sillonné son front, sa physionomie était bien un peu altérée; mais elle s'animait encore, comme autrefois, au souvenir du beau voyage qu'il venait de faire, et nous espérions, que le milieu dans lequel il allait vivre désormais, les distractions et le travail, ramèneraient pour lui tout au moins des jours de tranquillité.

Il nous annonça que le mardi suivant 12 décembre, il irait avec ses enfants embrasser sa belle-mère, et revoir son cher Galluis ; malheureusement il ne le fit pas.

Depuis longtemps déjà, un médecin de campagne avait fait de vives instances auprès de lui pour qu'il appuyât un mémoire de peu d'importance, lorsqu'il serait présenté à l'Académie de médecine. On vint le prévenir que ce rapport devait être lu précisément ce jour-là. Le dévouement l'emporta encore une fois, il s'y rendit, et, sur sa demande, ce travail fut renvoyé au ministre de l'instruction publique.

Le temps était neigeux et glacial, il prit froid en sortant de l'Académie, et en rentrant chez lui, il fut saisi de frisson et d'une toux sèche, qui n'avaient cependant rien d'inquiétant. On envoya une dépêche à ses enfants qu'il devait rejoindre à Galluis et on fit immédiatement chercher le docteur Barth, son ami.

La nuit fut calme, mais la toux persistait ; ses enfants, qui étaient revenus de suite, le trouvèrent assez fatigué. Sa fille s'installa à son chevet pour ne plus le quitter et, malgré sa nature extrêmement délicate et impressionnable, elle ne cessa un seul instant de lui procurer les soins les plus affectueux. — Tu tousses bien, mon bon père, lui disait-elle, à peine arrivée, et cette toux doit te fatiguer? Non, mon enfant, ne te tourmente pas, lui répondit-il, en souriant avec finesse, la toux ne me fatigue pas, mais elle m'ennuie; tu sais bien que je n'ai jamais été malade de ma vie, que je n'ai jamais toussé une seule fois, et je ne sais pas, comme le malade imaginaire, s'il faut le faire en long ou en large. Puis il sourit de nouveau, puis les saillies de cette nature aimable reprirent le dessus, et madame Allain se tranquillisa.

Le docteur Barth revint le lendemain matin; M. Le Canu se plaignait d'une douleur aiguë au côté droit; il l'ausculta avec un soin extrême, et reconnut les symptômes déjà avancés d'une pneumonie des plus graves. Il l'encouragea, lui prescrivit un traitement, et le quitta en lui donnant l'espoir d'une guérison prochaine.

Il revint auprès de M. et madame Allain, des larmes roulaient dans ses yeux; il ne leur dissimula pas toute l'étendue du mal, et les pria de faire venir un médecin qui ne le quitterait plus. On manda le docteur Ballet ; M. Le Canu l'accueillit avec sa bienveillance habituelle ; quelques heures plus tard il lui avait accordé toute sa confiance, et cet homme instruit, modeste et dévoué ne le quitta plus ni jour ni nuit. M. Barth n'en venait pas moins régulièrement, mais chaque jour l'altération de ses traits indiquait que ses espérances diminuaient. M. Le Canu commençait lui-même à ne plus se faire d'illusion, et quand il vit bien que tout était près de finir pour lui, sur cette terre, il dit un dernier adieu à tous ceux qui l'entouraient, il dicta ses dernières volontés et, plein d'une douce résignation, il alla, le 19 décembre 1871, rejoindre celle qui l'attendait dans un monde meilleur (1).

Mais en quittant cette vie, nous dit encore M. Chatin, M. Le Canu n'est pas mort tout entier. Il nous reste le souvenir de sa nature aimante, qui le ramenait bientôt à ceux que la vivacité de ses impressions en éloignait parfois ; il nous reste l'exemple de ses sentiments de droiture, de loyauté, de ses

(1) M. Le Canu est mort quai de Béthune, n° 36.

travaux qui protégeront encore sa mémoire, quand nous aurons, à notre tour, quitté cette terre.

A vous, mes bons amis, il vous reste un souvenir plus impérissable puisqu'il vous a laissé l'auréole de toute sa gloire.

En effet, il a légué par testament, ses nombreuses médailles à vos fils, avec l'espoir que l'un deux, au moins, continuerait sa réputation dans la science et à vous, madame, qu'il chérissait si tendrement, et qui nous le rappelez si bien, il vous a laissé son intéressante et volumineuse correspondance, ses nombreux autographes, ses diplômes et ses brevets.

Plus tard, quand nous parlerons de lui, et ce sera bien souvent, nous reverrons ensemble ces précieuses collections. Alors vous le bénirez encore, et vous direz : Mon bon père m'a laissé son plus riche écrin, ses diamants de la plus belle eau ; car ils me rappellent sa vie intime toute entière, ceux qu'il aima sincèrement et ceux qui l'ont sincèrement aimé.

Paris, mars 1872.